التعَرُّفُ على الإسلامِ ومحبَّته
كتاب لتعريف الأطفال على الدّين الإسلاميّ

إعداد مجموعة The Sincere seeker للأطفال

Quran

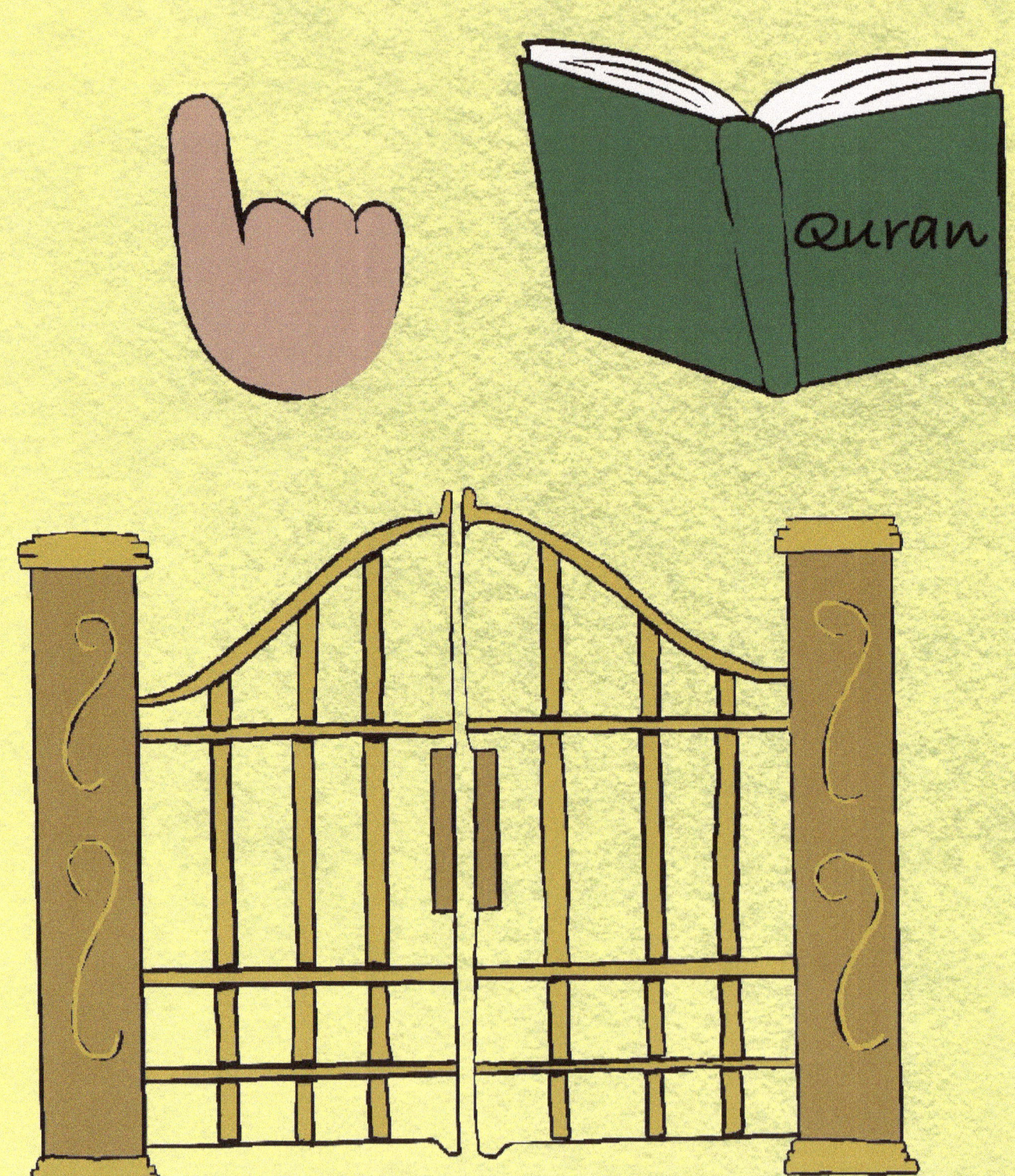

ما هو الإسلام؟

الإسلامُ هو الطّاعة والخضوع الكامل لخالِقنا، خالقُك أنت وأنا، خالق هذا العالم بأكمله، وكلُّ شيءٍ من حَولنا.
ولكَي نَعيشَ بسلامٍ وسعادةٍ في هذه الدّنيا وفي الآخرة علينا عندما أن نخضع لله عبر الإيمان به وطاعة أوامره.

الإسلام دينٌ يعتنقه المسلمون الذين يؤمنون بالإله الواحد الحق (الله) ويعبدونه، هو العالِمُ بكلِّ شيء، وهو القدير المُحِب. فالله يُحبُّنا كثيراً وعلينا أنْ نحبَّه أيضاً.

الإسلامُ أسلوبُ حَياة مُتكامِل يُعلِّمنا كيفَ نعيشُ حياتَنا، ويبيِّنُ لنا الصواب من الخطأ، ويعلِّمنا الحُبّ والسَّلام. اتّباع تعاليم الإسلام سيجعلُ منّا أشخاصاً أفضل.

يُعلِّمنا الإسلام أن نُحسِنَ إلى أهلنا وأصدقائنا وجيراننا.
يُعلِّمنا الإسلام أن نساعد المحتاجين وأن نعيش حياتنا بأفضل طريقة ممكنة.
لقد خَلقنا الله لنعبده، وهو خلقنا ليختبرنا، فإذا آمنا بالله وعشنا حياةً خيّرة، فسيجعل الجنة من نصيبنا في الآخرة، لنعيش فيها للأبد ونحصل فيها على أي شيءٍ نتمنّاه.

من هو الله؟

تشير كلمة "الله" إلى اسم الإله. هو الإله الواحد الأحد. الله ليس له بداية ولم يولد قَطِّ. ولن يكون له نهاية أبداً. هو خالق السماوات والأرض، خالق الكون، خالقك وخالقي. كل شيء مردّه إلى الله. فهو مالك الملك. الله لا أب له، ولا أم، ولا ولد، ولا بنت، ولا عائلة، ولا شريك له. الله لا يضاهيه أحد. ولا يمكن لعقولنا أن تتصور كيف يبدو. الله لا يتعب ولا يستريح ولا تأخذه سنة ولا نوم.

الله هو العالم بكل الأمور. وهو السميع البصير. الله يرزقنا أشهى المأكل والمشرب، والمسكن المريح. هو الذي ينزل المطر، ويهبُ الشمس نورها، وينير القمر البدر الجميل. هو من وهبنا الحياة، وأهلنا المحبين، وعائلاتنا السعيدة. هو من وهبنا القدرة على السمع، واللمس، والتذوق، والرؤية. وهبنا الله قلوبنا وعقولنا وأرواحنا وقوانا ومهاراتنا. عطاء الله لا حدود له.

إن الله يستحق العبادة والطاعة. إن الله هو الرحمن الرحيم والغفور. يجب أن نلجأ إلى الله عندما نشعر بالضيق والعسر، ويجب أن نشكر الله دوماً عندما يكون يومنا سعيداً. ينبغي أن نناجي الله، وندعوه ونصلي له، ونسأله كل شيء، فهو الذي بيده كل الأمور. وهو السميعُ الذي يسمع كل شيء ويسمع كل ما نقوله ونطلبه. ولا يخفى عنه شيء. يجب أن نلجأ إلى الله ليرشدنا ويعيننا ويحمينا أيضًا. الله هو الذي يرعانا ويحفظنا ويحبنا كثيراً. وفي حال أخطأنا يمكننا أن نطلب المغفرة من الله فيقبلها ويغفر لنا. الله فوق جميع الخلق وفوق السماوات وفوق عرشه. لله أسماء كثيرة. لله 99 اسماً. يجب أن نحاول أن نتعلمها ونحفظها لنعرف المزيد عنه ونتقرب منه. يجب أن يكون الله أفضل صديق لنا. إنه يعرفنا ويحبنا كثيراً؛ يجب أن نعرفه ونحبه.

بسم الله الرحمن الرحيم

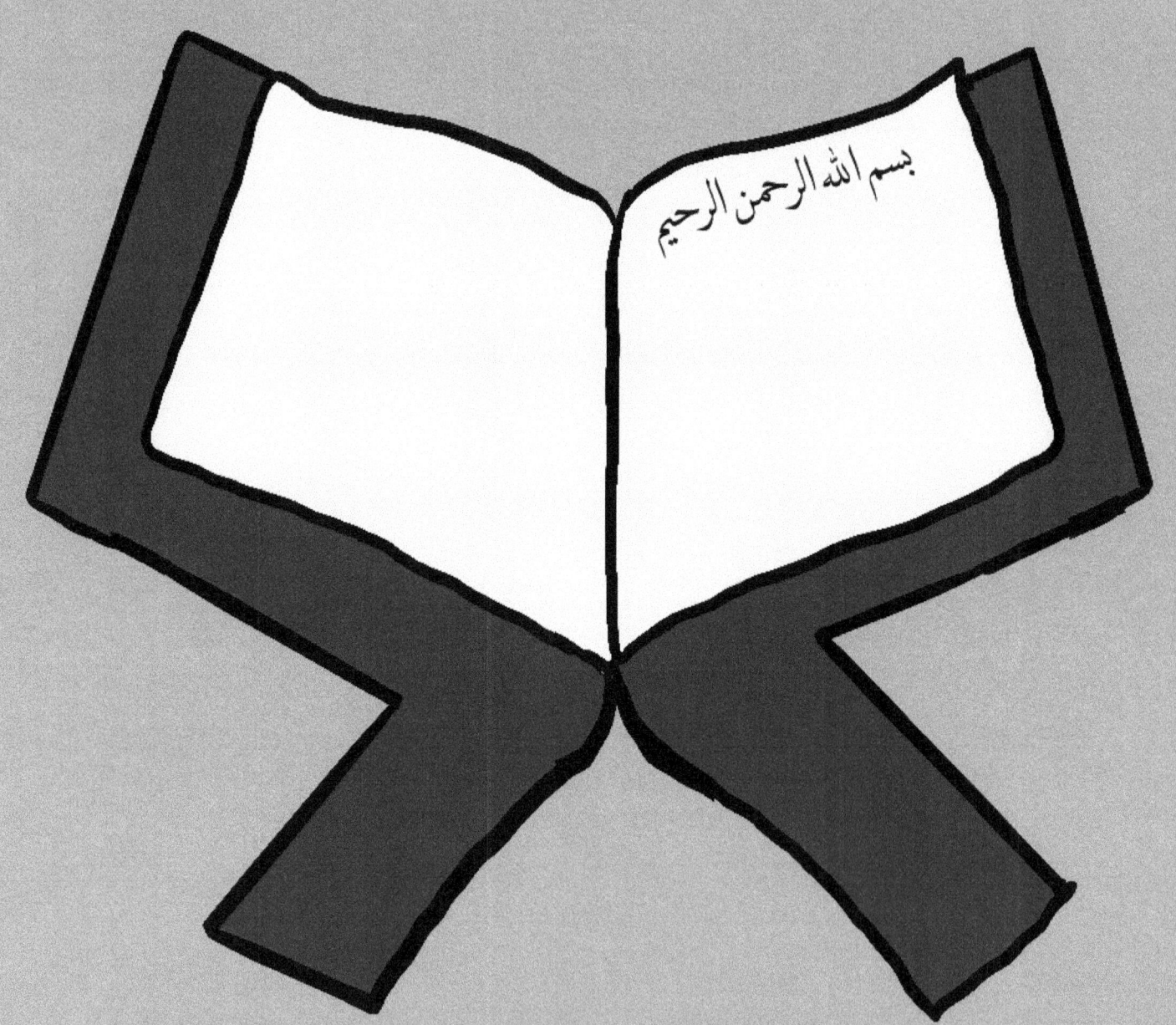

ما هو القرآن الكريم؟

إن الله يخاطبنا ويأمرنا بما يجب أن نفعله وما لا يجب أن نفعله في كتابه القرآن الكريم. وكلمة القرآن تعني التلاوة، وقد أنزل الله القرآن الكريم بواسطة الملاك جبريل الذي تلاه على النبي محمد صلى الله عليه وسلم الذي تلاه بدوره علينا. وقد نزل القرآن الكريم في شهر رمضان المبارك. وهو الشهر التاسع من التقويم الإسلامي (الهجري). القرآن الكريم هو كلام الله بحروفه ولفظه ومعانيه. والقرآن الكريم لم يتعرّض للتحريف أبداً. القرآن الكريم منزل ومحفوظ باللغة العربية.

القرآن الكريم ينقل لنا رسالة الله ومشيئته، وعلينا قراءته كل يوم. القرآن الكريم يرشدنا إلى كيفية عيش حياتنا. ويوصينا بأن نكون صادقين وألا نكذب أو نغش، وأن نتصدّق على الفقراء، وأن نكون لطفاء ومنصفين مع والدينا وجيراننا وعائلتنا وأصدقائنا. ينهانا القرآن الكريم عن الإساءة للناس والحيوانات والنباتات. يعلمنا القرآن الكريم المحبة والرحمة والإيمان وحسن النية. يُذكِّرنا الله في القرآن الكريم بحبه وعطفه ورحمته. إذا اتبعنا القرآن الكريم فسنحيا حياة خيّرة في الدنيا وتكون الجنة من نصيبنا.

يحفظ الملايين من الناس حول العالم ومن جميع الأعمار القرآن الكريم. إنه الكتاب الأكثر قراءةً في العالم. وعدنا الله في القرآن الكريم بأن ييسر لنا حفظه وفهمه. يجب قراءة القرآن الكريم بصوت مسموع مع مراعاة التجويد. يحتوي القرآن الكريم على 114 قسماً (تسمى سورة باللغة العربية)، وكل سورة تحتوي على جمل تسمى آيات. القرآن الكريم هو معجزة الله الأعظم ويحتوي داخله المئات من المعجزات. علينا قراءة القرآن الكريم يومياً لنستوعب معانيه العميقة ودروسه.

Zakariya
Ilyas
Musa
Isa
Al-yas
Yaqub
Sulieman
Yahya
Yusuf
Ismail
Dawud
Ishaq
Shuab
Yunus
Thu El Kifl
Ayub
Muhammad
Ibrahim
Lut
Hud
Nuh
Saleh
Harun
Idris
Adam

من هم الأنبياء ورسل الله؟

اختار الله العظيم رسلاً وأنبياء ليوصلوا رسالته وينقلوا لنا مشيئته وإرادته. لقد أرسل الله إلينا آلاف الأنبياء والرسل عبر التاريخ. وقد حظيت كل أمة على وجه الأرض بأحد الرسل أو الأنبياء. جميع رسل الله وأنبياءه جاؤوا بالرسالة العامة نفسها والتي مفادها أن العبادة لله وحده، وهو الواحد الأحد، الذي لا شريك له ولا ابن ولا بنت ولا نظير له. وكل الآلهة الأخرى باطلة وهي مخلوقات من خلق الله، وليست الخالق الحقيقي. إن اتّباع رسل الله وأنبياءه وطاعتهم يقربنا من الله ويزيد من محبتنا له.

المسلمون يؤمنون بجميع رسل الله وأنبياءه ويحترمونهم ويقدرونهم ويحبونهم ابتداءً بالنبي آدم، ومروراً بنوح وإبراهيم واسماعيل ويعقوب وموسى والنبي عيسى عليهم السلام جميعاً، وكل من دعا الناس إلى عبادة الله. اصطفى الله خيرة البشر لإيصال رسالته. فكان الأنبياء والمرسلون هم الأفضل في الأخلاق والسلوك. وكان خاتم الرسل وآخرهم هو سيدنا محمد صلى الله عليه وسلم المبعوث إلى آخر الأمم، أمتنا.

من هم الأمم السابقة وماذا حل بهم؟

أتى جميع أنبياء الله بمعجزات وآيات لإثبات أن الله من أرسلهم. فالأنبياء فقط هم من يصنعون المعجزات. وهب الله للنبي موسى عليه السلام معجزات مثل القدرة على تحويل عصاه إلى أفعى وشق البحر الأحمر. كان الغرض من هذه المعجزات هو حث الناس على التواضع وتذكيرهم بأن قوة الله وسلطته وجبروته حقيقة. كانت ولادة النبي عيسى عليه السلام بمعجزة فقد ولد بلا أب واستطاع شفاء مرضى الجذام وإعادة البصر للأعمى وإحياء الموتى بإذن الله وإرادته. أتى خاتم الأنبياء، محمد صلى الله عليه وسلم، بمعجزة نراها ونسمعها اليوم، وهي القرآن الكريم الذي يحتوي على مئات المعجزات.

يقصّ علينا القرآن الكريم قصص الأمم السابقة، في الأماكن التي أُنزل فيها الله رسله وأنبياءه لإيصال رسالته. لكن الناس رفضوا وعصوا وأنكروا رسالة الله. أرسل الله النبي نوح عليه السلام إلى قومه، حيث بشر برسالة الله لمدة 950 سنة، داعياً الناس إلى عبادة الله الواحد واتباع وصاياه، ولكن لم يؤمن به إلا قلة من الناس. أنكره قومه وسخروا منه. بعد أن أنكره قومه، أمر الله النبي نوح ببناء سفينة. اعتقد شعبه أنه مجنون لأنه بنى سفينة على الأرض في منطقة لا توجد فيها المياه.

سرعان ما بدأ الماء يخرج من الأرض ويسقط من السماء. أمر الله النبي نوح أن يدخل السفينة مع المؤمنين برسالته. كما طلب من النبي نوح أن يأخذ على متنها ذكراً وأنثى من كل حيوان. ثم أتى الله بطوفان عظيم، حيث خرج الماء من كل صدع على الأرض، وسقط المطر من السماء كما لم يحدث من قبل. ثم جرف الطوفان الأشرار.

من هو النبي محمّد ﷺ؟

قبل النبي محمد صلى الله عليه وسلم، كان يتم إرسال الأنبياء فقط إلى أقوام معينة في أماكن وفترات معينة. لكن النبي محمد كان خاتم الأنبياء، ومخلص للبشرية جمعاء حتى نهاية الزمان. ولد النبي محمد صلى الله عليه وسلم في مكة في شبه الجزيرة العربية. كان أهل مكة من عبدة الأوثان، وكانت المنطقة والفترة في ذلك الوقت مليئة بالجهل والحماقة والضلال. في سن الأربعين، تلقى النبي محمد أول وحي له من الله بواسطة الملاك جبريل عندما كان في الغار. ثم أمضى بقية حياته في شرح وتجسيد تعاليم القرآن الكريم والإسلام، الدين الذي أنزله الله عليه.

على الرغم من أنه كان معروفًا بين قومه بأنه "الصادق الأمين"، إلا أن غالبية شعبه لم يصدقوه أو يؤمنوا برسالته. بعد فترة وجيزة، بدأ الكفار الذين لم يؤمنوا برسالة الله يعاملون المؤمنين الذي آمنوا بالرسالة بطريقة سيئة. نشر النبي محمد صلى الله عليه وسلم رسالة الله في مدينة مكة لمدة ثلاثة عشر عامًا. ثم هاجر النبي محمد والمؤمنون إلى المدينة المنورة، حيث اكتسب عددًا أكبر من الأتباع، مما جعله سيّداً على المدينة.

لقد خطط كفار في مكة وحاولوا مهاجمة الإسلام والمسلمين، لكن ما كان في الأصل مجموعة صغيرة من المسلمين قد زاد عددهم، واستطاعوا النجاة من هجوم الكفار. وفي غضون عشر سنوات، قاد النبي جيشاً عائداً إلى مكة وفتح مكة. ولاحقاً انتشر الإسلام في جميع أنحاء العالم. وقد توفي النبي محمد عام 632 م. ويذكر الله تعالى في القرآن أنه لم يرسل نبينا محمد صلى الله عليه وسلم إلا رحمةً لنا.

لقد بُعث النبي محمد صلى الله عليه وسلم ليهدينا ويرشدنا إلى الله. فهم النبي محمد صلى الله عليه وسلم القرآن الكريم وأحبّه وعاش حياته وفقاً لتعاليمه. إنه خير قدوة لنا. فهو ذو خلق حميد وخصال كريمة. كان الزوج والأب والجد والقائد والمعلم الأفضل كما كان قاضياً ورجل دولة. بشر بالعدل والإنصاف والسلام والمحبة.

يحاول المسلمون تقليد واتباع النبي محمد في إيمانه وسلوكه وموقفه وصبره ورأفته واستقامته. اتّباع وتقليد النبي يسمى "السنة" أي أن نحاكي طريقة النبي في أكله وشربه والوضع الذي كان ينام عليه وطريقة تصرفه وتعامله مع الآخرين.

من هو المسلم؟

تعني كلمة "مسلم" الشخص الذي يسلّم بمشيئة الله وقوانينه. لطالما كانت رسالة الإسلام موجهة لجميع الناس. واحد من كل أربع أشخاص على هذه الأرض مسلمٌ. هناك 1.8 مليار مسلم في العالم، وهذا يشكل نسبة 24% من سكان العالم. 18% فقط من المسلمين هم عرب. يعيش العديد من المسلمين في أوروبا وجنوب شرق آسيا وفي الغرب. الإسلام ليس مقتصراً على عرقٍ أو مجموعة من الناس. المسلمون متنوعون في خلفياتهم العرقية وثقافاتهم وأصولهم القومية.

يعتبر الإسلام أن كل فعل أو اعتقاد أو قول يرتضيه الله ويحبّه هو نوع من العبادة لله تعالى. وكل ما يقرب الإنسان إلى الله هو عبادة. وتشمل عبادة الله الصلوات اليومية، والصوم، والزكاة، وحتى الإيمان بالملائكة وكتب الله وأنبيائه. تشمل عبادة الله أيضًا محبة الله، وشكره، والإيمان به.

Islam
Sawn
Prophet s
Salah
Quran
Dua
Zakat
Hajj

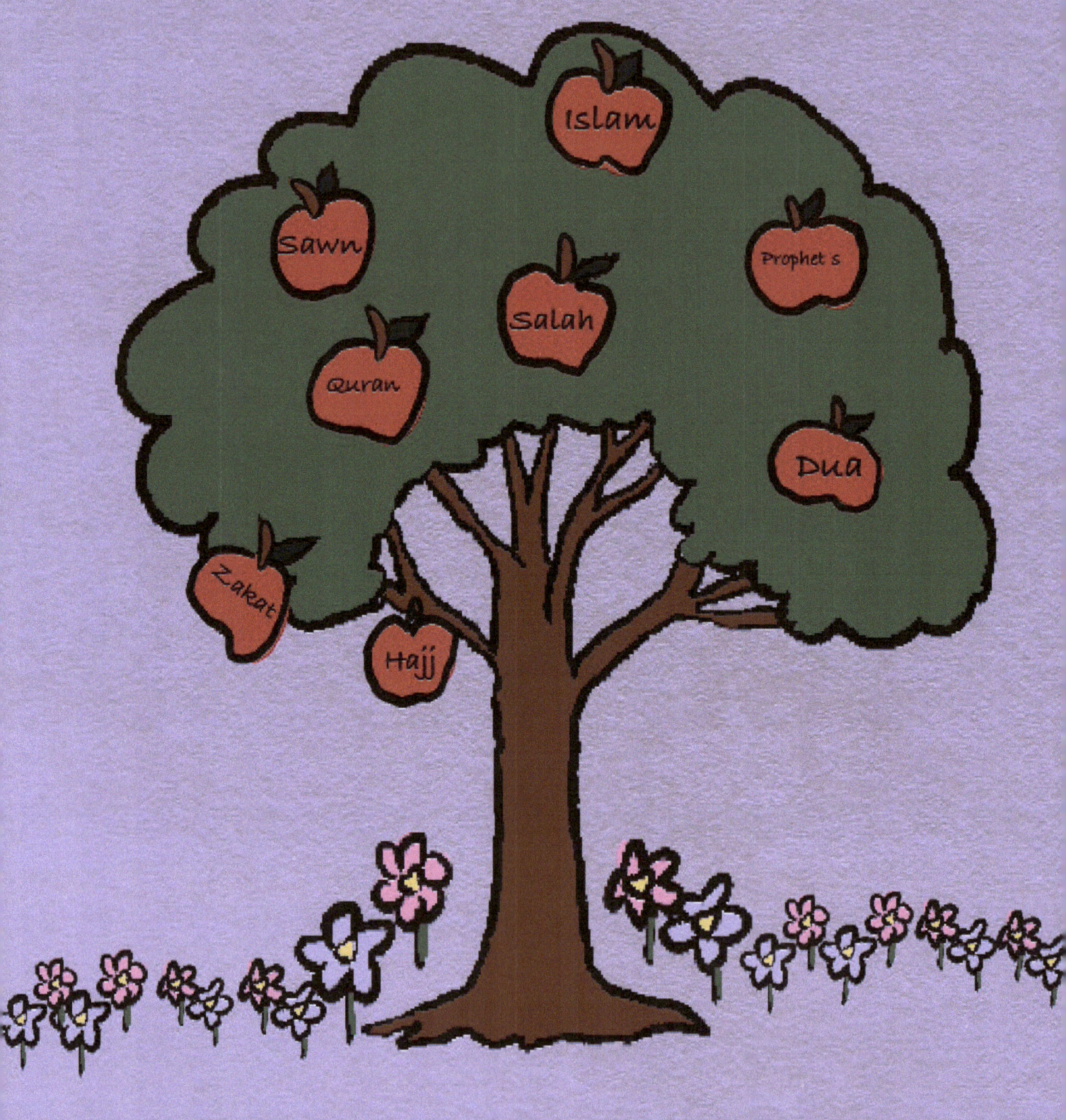

ما هو الهدف من حياتنا؟

لا يمكننا معرفة الغرض من حياتنا دون هداية من الله. علينا أن نسأل الله الهداية، ليبين لنا الطريق القويم ويعلمنا سبب خلقه لنا. يرشدنا الله من خلال كتابه (القرآن الكريم) والصلوات. لنعرف أن هدفنا أن نكون مؤمنين به وعباداً صالحين له وذلك بأن نطيعه ونكون أشخاصاً صالحين. والذين يجتازون هذا الاختبار يدخلون الجنة خالدين فيها إلى الأبد. إذاً الغرض من حياتنا هو الوصول إلى الله، والتقرب منه، وأن نبذل قصارى جهدنا لطاعة أوامره ونكون أفضل الأشخاص الذين يمكننا أن نكونهم. الحياة في هذا العالم هي أيضًا اختبار لنا. الله يختبرنا جميعاً. إذا كنا نعيش حياة جيدة كمسلمين، فإننا سننجح في الاختبار.

Hadith
Sunan - Al Timidhi
Hadith
Sahih Al Bukhari
Hadith
Sunan Abu Dawud
Hadith
Sahih Muslim
Hadith

ما هو الحديث والسنة؟

القرآن الكريم هو المصدر الأساسي للإسلام وكلام الله المنزل. القرآن الكريم هو الكتاب الوحيد في العالم الذي يضم كلام الله تعالى دون تحريف أو تحوير. أما الحديث فهو المصدر الثاني للإسلام. وعلى عكس القرآن، فإن الأقوال المعروفة باسم الحديث منقولة عن البشر وليست من الله مباشرة.

بينما كان النبي محمد صلى الله عليه وسلم يمارس وينشر تعاليم الإسلام والقرآن الكريم لأصحابه. كان أصحابه ينقلون ويدونون أقوال النبي وأفعاله ومعتقداته. وقد جُمعت جميعها على يد أصحاب النبي محمد صلى الله عليه وسلم، وبعد ذلك جمعها العلماء المتخصصون في الحديث، وسموها الحديث.

الحديث هو الرواية أو الكلام المنقول عن النبي محمد صلى الله عليه وسلم ويشمل كل ما قاله أو فعله أو قبل به. يمكن أن يشير الحديث أيضاً إلى ردة فعل النبي أو صمته رداً على شيء قاله أو فعله الآخرون.

تسمى أفعال وممارسات الرسول بالسنة. يعتبر النبي محمد نموذجاً مقدساً بالنسبة لنا وعلينا تقليده والاقتداء به، حيث أرسله الله إلينا قدوة ليعلّمنا كيفية عيش حياتنا.

6
Quran

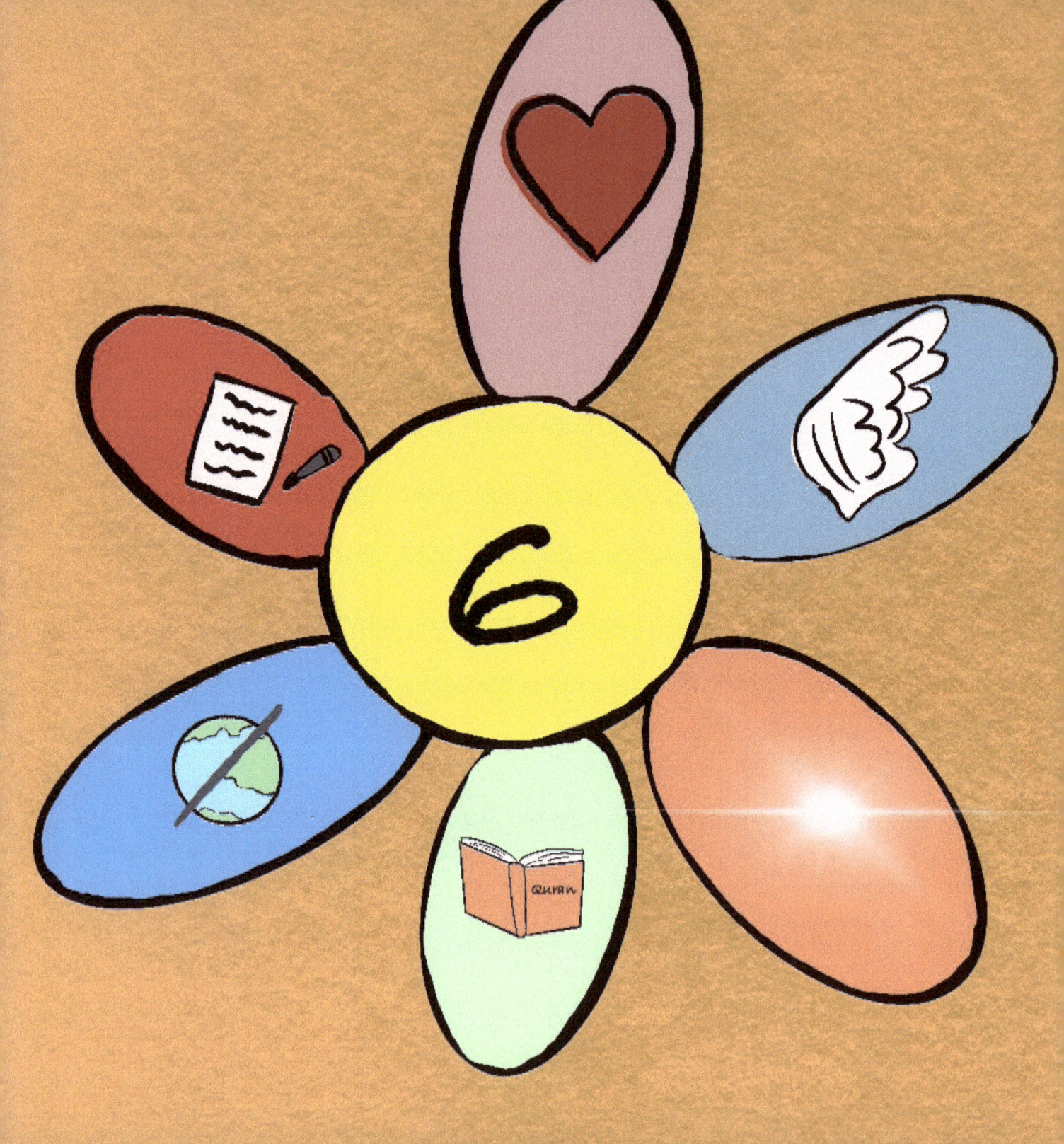

ما هي أركان الإيمان الستة؟

لكي تصبح مسلماً، يجب على كل من يتبع الدين الإسلامي أن يؤمن بستة أركان للإيمان. هذه البنود الستة من أركان الإيمان تشكل أساس نظام العقيدة الإسلامية. أركان الإيمان الستة هي:

الإيمان بالله
الإيمان بملائكته
الإيمان بأنبيائه ورسله
الإيمان بكتبه
الإيمان باليوم الآخر ويوم القيامة ويوم الحساب
الإيمان بالقضاء والقدر

5

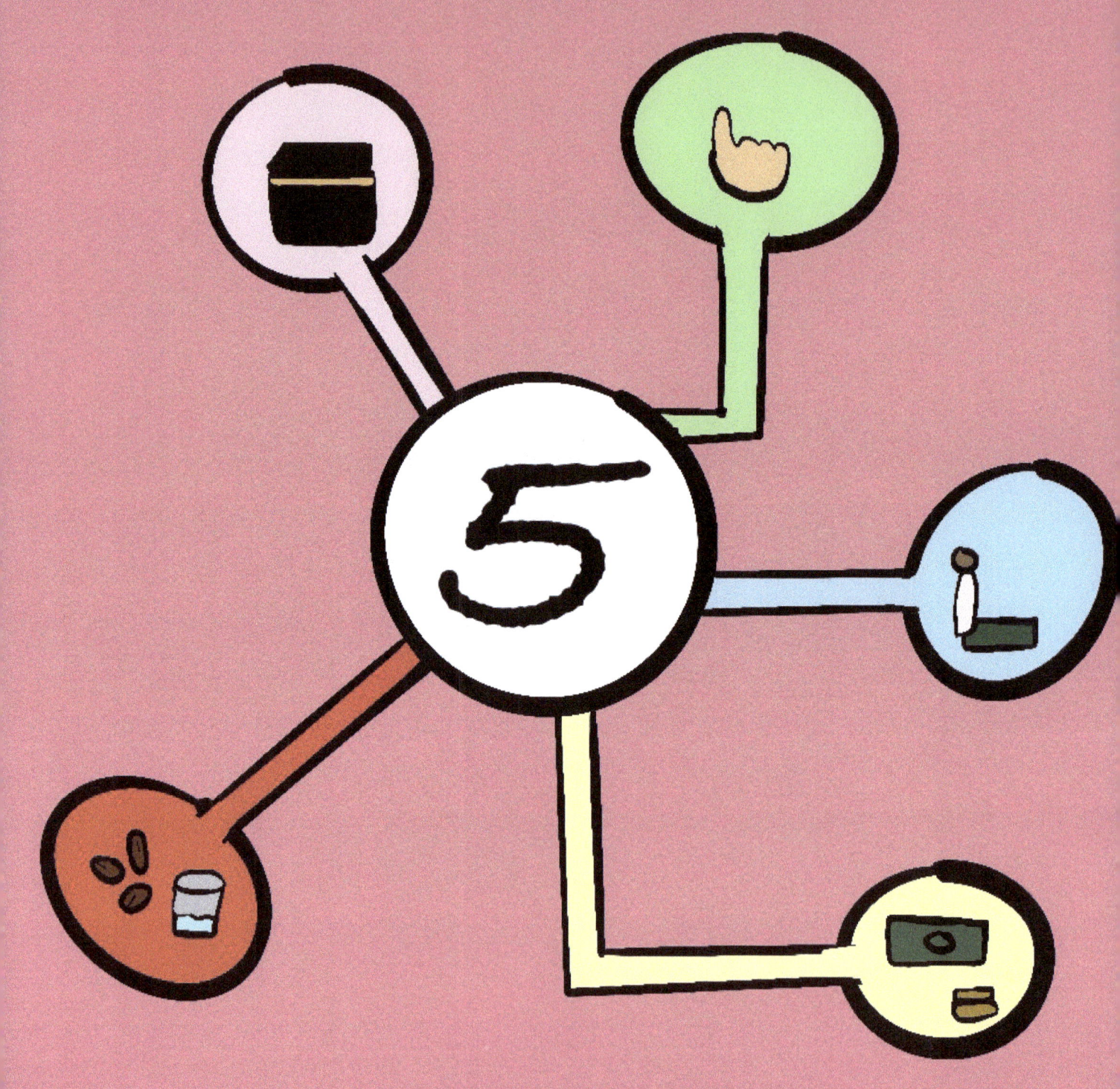

وحدانية الله

أول وأهم أركان الإيمان في الإسلام هو الإيمان بوحدانية الله. فكل جوانب الإيمان الأخرى تنبع من الإيمان بالله العظيم. يؤمن المسلم ويقر بأنه لا أحد يستحق عبادته أو حبه أو ولائه أو تضحيته أو الوثوق به أو خشيته إلا الله خالقنا. لا يحب الله أن يعبد الناس أي آلهة أخرى غيره لأن كل الآلهة الأخرى باطلة. الله هو الوحيد الذي تجب علينا عبادته.

ما هي أركان الإسلام الخمسة؟

بني دين الإسلام على خمسة أسس أو أركان أساسية. هذه الأركان الخمسة أو الواجبات الدينية مطلوبة، وعلى كل مسلم اتباعها وممارستها بأفضل صورة ممكنة. الأركان الخمسة مذكورة بشكل فردي في القرآن الكريم ومن خلال روايات النبي محمد صلى الله عليه وسلم المعروفة بالحديث. أركان الإسلام الخمسة هي:

شهادة أن لا إله إلا الله، وأن خاتم الأنبياء محمد صلى الله عليه وسلم رسول الله.
إقامة الصلوات الخمس
إيتاء الزكاة
صيام شهر رمضان (لتهذيب النفس)
الحج إلى مكة (مرة واحدة على الأقل في الحياة لمن استطاع إليه سبيلاً)

يهتم المسلمون كثيراً بهذه الركائز الخمس ويعطونها الأولوية فوق كل الأشياء الأخرى في الحياة.

ما هي الجنة؟

غالبًا ما تُترجم الجنة على أنها تعني "*الحديقة الغنّاء*". تقع الجنة في السماء السابعة. ويجب على جميع المسلمين الإيمان بالجنة. الجنة هي المكان الجميل الممتع حيث الهدوء والسكينة والذي سيضم المسلمين ممن يؤمنون بالله ويعيشون بطريقة قويمة ليعيشوا فيه إلى الأبد. يحصل المرء في الجنة على كل ما يريده. لا يرى أهل الجنة إلا الأشياء الجيدة ولا يسمعون إلا الأصوات العذبة، وسيعيش أهل الجنة مع الأشخاص الصالحين ويلتقون بأفراد عائلاتهم الصالحين. لا حزن ولا ألم ولا هم ولا ملل ولا غضب ولا كراهية ولا غيرة ولا مرض ولا خوف في الجنة.

الجنة فسيحة وجميلة لدرجة أن عقولنا لا تستطيع حتى تخيل كيف هي. للجنة سبعة مستويات، ولكل مستوى العديد من الطبقات والدرجات المنازل. كل درجة في الجنة بها أفراح ومتع أعظم وأروع من الدرجة التي تحتها. الجنة لها ثمانية أبواب. أعلى درجات الجنة تسمى جنة الفردوس.

في الجنة قصور كثيرة لبناتها من ذهب وفضة. وهناك طبقات فوق بعضها البعض تحوي غرفاً داخل هذه القصور مع شلالات تجري من تحتها، تربة الجنة من المسك الأبيض الخالص، والحصى من اللؤلؤ والياقوت والألماس والجواهر. سوف يتكئ أهل الجنة على أرائكهم الحريرية الفاخرة مع حاملات لكؤوسهم وأغطية مريحة. وأهل الجنة يأكلون ويشربون ما يشاؤون. إذا رأى المرء طائرا يود أن يأكله؛ يسقط مشوياً بين يديه. سيحصل أهل الجنة على أكواب مصنوعة من الياقوت اللامع واللؤلؤ والألماس. ستتدلى الثمار من الأشجار وتسقط من تلقاء ذاتها ليتلذذوا بها. ملابس الجنة لا تهترئ ولن تبلى أبداً.

ليس هناك ما هو أروع وأجمل من أفضل نعمة في الجنة، وهي رؤية وجه الله عز وجل. ستكون هذه هي أثمن هدية للأشخاص الذين أمضوا حياتهم في العمل الصالح. يجب أن نبذل قصارى جهدنا لنحيا حياة خيّرة، لنتمكن من دخول الجنة مع عائلاتنا ونعيش في سعادة دائمة.

النهاية

www.ingramcontent.com/pod-product-compliance
Lightning Source LLC
Chambersburg PA
CBHW061107070526
44579CB00011B/170
9781955262491